Weihnachtsgedichte, Neujahr und Engel

Gedichte

Band 14

Nicole Sunitsch

Bibliografische Information der Deutschen Nationalbibliothek:
Die Deutsche Nationalbibliothek verzeichnet diese Publikation in
der Deutschen Nationalbibliografie;
detaillierte bibliografische Daten sind im Internet über
http://dnb.dnb.de abrufbar.

Herstellung und Verlag:
BoD – Books on Demand, Norderstedt

1. Auflage: Dezember 2021
ISBN: 9-7837-5572-800-9

Titel/Idee: Nicole Sunitsch
Bilder: Gerd Altmann
Coverbild: Gerd Altmann
Gedichte/Zitate: Nicole Sunitsch
Korrektorat: Elisabeth Michl

Inhalt

Vorwort

Liebe Leserinnen und Leser!

Nicht nur ...

Wenn im Winter die Flocken vom Himmel fallen,
das gefällt nicht nur den Kindern sondern allen.
Der Nikolaus war schon hier,
in dieser Zeit gibt es Kekse und Glühwein anstatt Bier.

Die Weihnachtsbeleuchtung erhellt die Gassen,
die Adventmärkte lassen unsere Gesichter erblassen.
Die meisten Menschen lieben diese Zeit
jedoch fürchten sich viele vor der Einsamkeit.

Egal wie es kommt und ist,
man in dieser Zeit seine Liebsten nicht vergisst.
Ich wünsche dir Gesundheit wie Zuversicht
und hoffe,
dass du nicht nur zu Weihnachten glücklich bist.

Advent und Feiertage

Advent

A	Advent, Advent,
D	die erste Kerze brennt.
V	Violette, rote oder blaue Kerzen,
E	erleuchten Menschenherzen.
N	Nun gedenken wir an Ihn mit Licht,
T	Tränen fließen,
	dass Christus zur Welt gekommen ist.

1. Advent

Wenn die erste Kerze brennt,
dann ist der 1. Advent.
Ich zünde die Kerze an
und höre im Radio lieblichen Gesang.
Meine Blicke gerichtet zum Adventkranz,
in meinen Augen ein leichter Glanz.

Ich genieße diese Zeit,
innerliche Ruhe macht sich in mir breit.
Kekse werden gebacken,
durch den Duft entspannt sich mein Nacken.
Ab und zu sehe ich mir einen Weihnachtsfilm an
und merke, dass ich es kaum noch erwarten kann.

Mit meinen Liebsten an einem Tisch zu sitzen,
Kinder ganz nervös durch die Räume flitzen.
Ein Geschenk sollte nicht nur für die Kleinen sein,
über eine Aufmerksamkeit freut sich Groß und Klein.
Am Schönsten ist natürlich die gemeinsame Zeit,
mit viel Liebe und ohne Streit.

Diese Zeilen schreibe ich zum 1. Advent,
genießt es, wenn die erste Kerze brennt.

Erster Advent

E   Ende November beginnt die kalte Zeit,

R   Ruhe und Besinnung machen sich breit.

S   Stille nicht nur in der Nacht,

T   tageweise die Sonne uns lacht.

E   Erste Kerzen beginnen zu brennen,

R   runde Adventkränze die Tage trennen.

A   Am Anfang genießen es die Menschen sehr,

D   danach wird der Stress immer mehr.

V   Vielen geht das gegen den Strich,

E   erfreulich kehren Menschen in sich.

N   Nun wünsche ich dir einen schönen Advent,

T   trage Ruhe und Liebe in dir,

     wenn die erste Kerze brennt.

Die erste Kerze

Es ist Advent,
wenn die erste Kerze brennt.
Weihnachten, so schön die Zeit,
Stille und Besinnung machen sich breit.
Früher die Äpfel am Weihnachtsbaum,
heute Geschenke, bedeckt mit rotem Saum.

Die Zeit mit unseren Liebsten sollte im Fokus stehen,
wo wir uns glücklich in die Augen sehen.
All das macht unsere Herzen weich
und die Menschen mit Liebe erfüllt sehr reich.

2. Advent

Wenn die zweite Kerze brennt,
dann ist der 2. Advent.
Ganz grell leuchtet das Kerzenlicht,
die Zeit hektisch, doch das stört mich nicht.
Manche kaufen jetzt schon den Weihnachtsbaum,
viele auch schon früher, man glaubt es kaum.

Doch oft ist weniger mehr,
vielen Menschen fällt Bescheidenheit etwas schwer.
Mir reicht ein Adventkranz schon aus,
ich sehe die Lichter, verlasse das Haus.
Ein Spaziergang in der kalten Zeit,
ich genieße die Winterlandschaft im Winterkleid.

Der besinnliche Dezember, Ruhe kommt auf,
ich verzichte bewusst auf so manchen Kauf.
Tee und Kekse dürfen natürlich nicht fehlen,
die Plätzchen erhellen auch ganz einsame Seelen.
Ich räume mir Ruhe in der Vorweihnachtszeit ein,
mit ganz viel Geborgenheit bei Kerzenschein.

Diese Zeilen schreibe ich zum 2. Advent,
genießt es, wenn die zweite Kerze brennt.

Zweiter Advent

Zum 2. Advent wünsche ich euch eine besinnliche Zeit,
die zweite Kerze brennt, es ist soweit.
Das Christkind wird uns bald besuchen
und für alle Menschen auf dieser Welt
viel Liebe buchen.

Ganz fest halten wir die Liebe in unseren Herzen,
lassen los das alte Jahr und auch die Schmerzen.
So können wir den 2. Advent genießen,
lassen uns von Weihnachtsmusik berieseln.

Der Adventkranz leuchtet,
die zweite Kerze brennt,
ich wünsche euch allen einen besinnlichen Advent.

3. Advent

Wenn die dritte Kerze brennt,
dann ist der 3. Advent.
Das Christkind ist jetzt nicht mehr fern,
die Kinder schreiben einen Wunschzettel ganz gern.
Alte Menschen würden Gesundheit drauf schreiben,
bei Schneegestöber lieber in ihrer Wohnung bleiben.

Einsame Menschen haben es nicht leicht,
sie langsam die Winterdepression erreicht.
Durch Liebe werden sie die Zeit leichter überstehen,
die einsamen Stunden werden schneller vergehen.
Es reichen oft einige Minuten der eigenen Lebenszeit,
sie vertreiben Kummer, Schmerzen und Leid.

Es könnte alles so einfach sein,
denn wer ist zu Weihnachten schon gerne allein?
Lasst uns hilfsbedürftige Menschen unterstützen,
vielleicht können wir sie vor Einsamkeit schützen.
Diese Zeilen schreibe ich zum 3. Advent,
genießt es, wenn die dritte Kerze brennt.

4. Advent

Wenn die vierte Kerze brennt,
dann ist der 4. Advent.
Städte, Dörfer, Häuser in vollem Glanz,
jede Familie ist stolz auf ihren Adventkranz.
Ob Blau, Gold, Silber oder Rot,
dazu gehört auch das Kletzenbrot.
Weihnachtsmusik an diesem Tage,
einige Kilogramm mehr auf der Waage.
All das beschert uns die Weihnachtszeit,
zum Fasten sind wir später wieder bereit.
Überall leuchtet der Weihnachtsschimmer,
die Lichter erstrahlen in jedem Zimmer.
Das Christfest ist nun endlich da,
die Weihnachtsbäume geschmückt mit Engelshaar.
Jedes Jahr zu Gedenken an Jesus Christ,
damit du den 24. Dezember nie vergisst.
Mit Freude schaue ich auf die vier Kerzen,
dieser Anblick gibt mir Geborgenheit im Herzen.
Lasst uns mit diesem Fest den Sohn Gottes ehren
und all die Menschen um uns mit Liebe bekehren.

Diese Zeilen schreibe ich zum 4. Advent,
genießt es, wenn die vierte Kerze brennt.

Adventkranz

Ein Adventkranz zart gebunden,
Sorgen, Probleme verschwunden.
Die Lichter erstrahlen hell,
die Fenster leuchten grell.

Traurigkeit erlöst durch Tränen,
sich viele nach ihren Liebsten sehnen.
In dieser Zeit die Besinnlichkeit beginnt,
wo jedes Licht den Menschen Liebe bringt.

Irgendwann

Ein Adventkranz groß und breit,
eine Tradition in der besinnlichen Zeit.
Die Kerzen, die Zimmer erhellt,
manch einer wünscht sich eine bessere Welt.

Als Zeichen der Hoffnung zünden wir eine Kerze an,
denn vielleicht ändert sich der Mensch irgendwann.

Adventlichter

Jede Woche ein Lichtlein mehr,
in der Adventszeit freut uns das sehr.
Meistens ist der Adventkranz selbst gebunden,
er leuchtet für uns auch in dunklen Stunden.

Es zieht ein Hoffen durch die Welt,
eine Zeit, wo die Familie zusammenhält.
Und jeder weiß, wenn die erste Kerze brennt,
es ist Advent.

Allerheiligen

Es gibt für alles eine Zeit,
die Erinnerungen, an unsere Liebsten
bringen uns Traurigkeit.
Nun stehe ich vor dem Grabstein,
die Gaben für dich, der Kerzenschein.

Ich bilde mir ein, ich sehe dein Gesicht,
doch ich musste feststellen,
es ist nur das Kerzenlicht.

Leider, ist im Leben nichts von Dauer,
denn wenn ich an dich denke,
bleibt in der Stille nur die Trauer.

Liebe im Herzen

Im Hintergrund gedämpfte Musik,
es die Kinder zum Christbaum zieht.
Freunde und Familien sitzen im Wohnzimmer,
die Kerzen leuchten in einem zarten Schimmer.

Packerl rund um den Weihnachtsbaum,
die Schleifen aus rotem Saum.
Alle hören die Glocken klingen,
die Weihnachtslieder im Herzen Freude bringen.

Ein Fest der Liebe, des Beisammenseins,
am Tisch die Gläser mit gutem Wein.
Das Festessen einfach genießen,
sich mit Weihnachtsgesang berieseln.

Für dieses Fest ist die Familie zusammengekommen
und jeder hat die Liebe im Herzen mitgenommen.

Weihnachten

Frohes Fest

F	Fröhlichkeit an diesem Tage,
R	Ruhe und Besinnlichkeit, keine Frage.
O	Oh du Fröhliche wird gesungen,
H	Hoffnung für die Armen erzwungen.
E	Ehrfurcht vor der Kirche und Gott,
S	sehr viele gefangen im eigenen Trott.
F	Feiere mit deiner Familie,
E	erlebe den Duft der Tanne, nicht den der Lilie.
S	Stille macht sich breit,
T	trotz Einsamkeit,
	wünsche ich dir eine schöne Weihnachtszeit.

Frohe Weihnacht

F   Fröhlichkeit zu diesem Feste -
R   Ruhe, Besinnlichkeit, für viele das Beste.
O   Orangen, Kekse, Nüsse und Kuchen
H   holen sich die Kinder ohne zu suchen.
E   Einst sie noch vom Christkind träumten,
W   welch Wunder, sie kein Geschenk versäumten.
E   Entspannung unter dem Weihnachtsbaum,
I   ideal für die Familie, man glaubt es kaum.
H   Her mit den Geschenken, ganz schnell,
N   nur mehr Stress, für viele ein Duell.
A   Aufmerksamkeiten gibt es selten,
C   Christen heute sind andere Welten.
H   Hörst du mich singen,
T   Träume sollen wahr werden
       und die alte Weihnacht wieder erklingen.

Christkind

C   Christliche Weihnacht, die mag ich sehr,

H   hörst du sie, sie kommen von ganz weit her.

R   Reinweiß ist ihr Kleid,

I   ich sehe Augen funkeln, von ganz weit.

S   Sie glänzen in voller Pracht,

T   Tugend und Liebe sind ihre Macht.

K   Kinder mögen sie gern,

I   ich weiß, sie kommen von ganz fern.

N   Neulich bin ich einem Christkind begegnet,

D   denn sie machen auch Erwachsene selig.

Christbaum

C	Christbäume zur Weihnacht muss es geben,
H	Heilig Abend möchte jeder einen Baum erleben.
R	Regungslos das Bäumchen in voller Pracht,
I	ich schmücke ihn mit Kugeln stets bedacht.
S	So sehr liebe ich den Tannenduft,
T	Tage danach hängt er noch in der Luft.
B	Bedeutung hat er für Menschen eine große,
A	auch wenn die Zweige sind ganz lose.
U	Unter dem Baum die Geschenke,
M	mein Gott, ich freue mich schon,
	wenn ich daran denke.

Lichter

L   Lichter gehören zur Weihnacht dazu,
I   ihr seht zu den Toten, sie kommen zu Ruh.
C   Christus erbarme dich,
H   heile Krankheiten, lass keinen im Stich.
T   Trage uns bei Schmerzen,
E   erfülle unsere Herzen mit Wärme der Kerzen.
R   Ruhe in Frieden, gib uns Licht,
      Christus erbarme dich.

Christus

C   Christus, oh Herr,

H   habe so viele Sünden, sie fallen mir schwer.

R   Reiche mir deine Hand,

I   ich glaube, du hast Gutes in mir erkannt.

S   Stelle mich zur Rede,

T   trage mich, wenn ich vor Schmerzen flehe.

U   Unser Christus ist für uns gestorben,

S   sogleich am dritten Tag auferweckt worden.

Himmel und Erde

Sie werden im Himmel
und oft auf Erden Engelchen genannt,
durch ihre Flügel wurden sie bekannt.
Du kannst ihnen ganz einfach blind vertrauen,
du brauchst ihnen nur in die Engelsaugen schauen.

Beim Fliegen lassen sie hinter sich einen zarten Duft,
so weißt du, wenn ein Engel zu dir ruft.
Bei Morgengrauen die Sterne erblassen,
alle Engel die Menschen lieben und nicht hassen.

Oft hörst du sie nicht, es ist wie ein Hauch,
doch Gott kennt sie alle und sie uns auch.

In dir

Christus gibt uns Licht,
heilig in jeder Hinsicht.
Reiche und arme Leute,
ihr Glaube schwere Beute.

Still beten wir,
Treue, Liebe ohne Gier.
Unser Vater, unser Sohn,
sei gläubig, wenn ich in dir wohn.

Kekse

K   Kleine, zarte Leckereien,
E   erfreuen unsere Weihnachtstellerlein.
K   Kekse mit Schokolade,
S   süß sollen sie sein, als Gabe.
E   Eben waren noch ganz viele da
      und ich später auf den leeren Teller sah.

Stern

S   Sterne leuchten aus der Ferne,

T   tragen sich selbst, erzeugen Wärme.

E   Erleuchten den Himmel so hell,

R   rauhe Nacht, die Sternschnuppen so grell.

N   Nachts sehen wir sie sehr oft,

        die Menschheit auf das Wahrwerden der

        Wünsche und Wunder hofft.

Himmelszelt

Lichter als Symbol,
ich fühle mich sehr wohl.
Christlichkeit für Leben,
Heiterkeit und Segen.

Tragen wir das Licht im Herzen,
es befreit Menschen von Schmerzen.
Reichen werden die Lichter bis in alle Welt,
Frieden über das ganze Himmelszelt.

Kerzenglück

K   Kerzen fackeln am Baum,
E   endlich beginnt der Weihnachtstraum.
R   Ruhiger und zarter Blick,
Z   zu uns ein Friedenslicht geschickt.
E   Ehrfürchtig, finster die Nacht,
N   nicht immer ein Engel über uns wacht.
G   Glück, Gesundheit, welch Klang,
L   liebe Menschen, schöner Gesang.
Ü   Überglücklich in dieser Zeit,
C   Christus ist bereit.
K   Kerzen brennen langsam nieder,
       Glück für Menschen wieder und wieder.

Weihnachtszeit

W	Wunder zur Weihnachtszeit,
E	Erde, Berge, Wiese verschneit.
I	Ihr Sterne groß und klein,
H	Heilig Abend, schöner Schein.
N	Niemand soll traurig sein zu dieser Zeit,
A	alle strahlen, lächeln ganz weit.
C	Cafe, Tee und Limonade,
H	heilige, stille und ruhige Tage.
T	Tannen und Kekse gehören dazu,
S	sehnsüchtige Herzen im Nu.
Z	Zeit der Liebe und Besinnlichkeit,
E	Entspannung macht sich breit.
I	Ignoranz und Neid beiseite,
T	Tag der Liebe öffnet das Weite.

Schein

S	So schön ist die Vorweihnachtszeit,
C	Christus erinnert uns an die Kindheit.
H	Hell tritt er hervor,
E	Erwartungen bis zum Himmelstor.
I	Innig umschließt uns der Schein
N	nicht „ein Mensch" ist dadurch allein.

Weihnachtsgrüße

Du bist ganz weit fort,
ein nicht besonders schöner Ort.
Meine Gedanken sind auf den Weg zu dir
und die lieben Weihnachtsgrüße sind von mir.

Ich wünsche dir und deiner Familie ein schönes Fest,
dass Ihr euch nicht mit Geld sondern mit Liebe messt.
Denn was gibt es Schöneres als ein Beisammensein,
Familien, egal ob groß oder klein.

Genießt die besinnliche Zeit,
denkt nicht zu viel an all das Leid.
Schaut nach vorne, nicht zurück,
liebe Weihnachtsgrüße und ganz viel Glück.

Kerzenschein

Zu Weihnachten zeigt sich die Welt,
wo überall die Liebe zählt.
Ach du schöne Weihnachtszeit,
Menschen voller Freude und Fröhlichkeit.

Die Glocken in Kirchen klingen,
Menschen Weihnachtslieder singen.
Lasst uns in der Besinnlichkeit erwachen,
Tür und Tor für unsere Mitmenschen aufmachen.

Lasst das Jesuskindlein rein,
denn es bringt in eure Herzen Kerzenschein.

Nikolaus

N	Nicht jeden Tag bist du hier,
I	ich weiß am 06. Dezember bist du bei mir.
K	Krampusse sind deine Gesellen,
O	oh ja, sie die schlimmen Menschen quälen.
L	Leise hebt Nikolaus die Kinder rauf,
A	auf einmal kommt Angst bei ihnen auf.
U	Und kurz danach ist das Zittern weg,
S	sich jedes Kind einige Worte überlegt.
	Still nimmt das Kind das Säckchen in die Hände,
	denn der Nikolaus ist heute noch eine Legende.

Gutes wünschen

Gutes wünschen, Geschenke verteilen,
in der Stille einige Zeit verweilen.

Die Christmette besuchen,
Hoffnung, Glück fürs nächste Jahr buchen.

Jesus ist das Licht der Welt,
mögen die Sterne über uns wachen,
wie ein Himmelszelt.

Engel

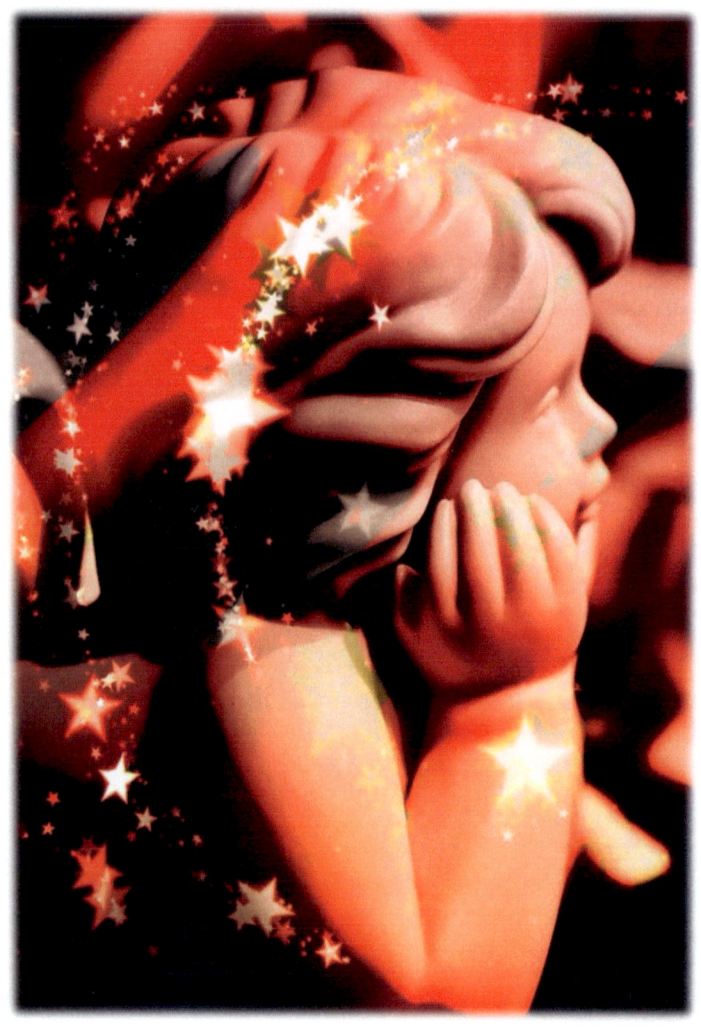

Engel

Im Winter ist es so ruhig und leise,
die Engel machen sich auf die Reise.
Überall fliegen sie da oben,
deswegen fühlen wir uns in dieser Zeit
so gut aufgehoben.

Und bist du traurig, dann denke dir,
vielleicht sind die Engel bald da und helfen mir.
Glaube ganz fest daran,
denn vielleicht ist es ein Engel,
der dir deinen Wunsch erfüllen kann.

Schutzengel

Du kannst beruhigt durch das Leben schreiten,
ich werde dich immer begleiten.
Du kannst dich in meiner Obhut geborgen fühlen,
doch nicht allzu oft in der Vergangenheit wühlen.

Ich lenke dein Leben zum Licht,
es ist sogar meine Pflicht.
Ich beschütze dich jeden Tag,
das macht dich richtig stark.

Hab keine Angst, du bist nicht allein,
denn, egal was kommt, ich werde immer bei dir sein.

Acht Engel für Dich

Der erste Engel bringt dir Gesundheit im Leben,
dafür würde er dir seine Flügel geben.
Der zweite Engel wird dich begleiten
und nie von deiner Seite weichen.

Der dritte Engel wird dich beschützen
und dich in allen Lebenslagen unterstützen.
Der vierte Engel wird die Liebe in dein Herz lassen,
das Schlechte vertreiben, ohne zu hassen.

Der fünfte Engel wird dir Freude bringen
und bei Traurigkeit ein Lied für dich singen.
Der sechste Engel wird dir immer zur Seite stehen
und mit dir gemeinsam die schweren Wege gehen.

Der siebente Engel ist für die Angst,
er hilft dir, wenn du um deine Lieben bangst.
Der achte Engel ist für die Unendlichkeit,
er ist es, der dich von negativen Gedanken befreit.

All diese Engel sollen dich in deinem Leben begleiten
und mit dir auch die schwierigen Tage bestreiten.
Und bist du mal ganz allein,
diese acht Engel werden bei dir sein.

Nimm sie stets in deinen Gedanken mit,
die acht Engel sind das Verbindungsglied.

Der neunte Engel bist du,
geht es dir schlecht,
kommen die anderen acht Engel hinzu.

Was soll dir nun noch passieren,
neun Engel können doch niemals verlieren.
Und kannst du es noch immer nicht glauben,
schau auf die Engel, auf sie kannst du bauen.

Kommen in dein Leben auch viele Hiebe,
vergiss nicht, du und die acht Engel,
es siegt die Liebe.

Menschenengel

Es gibt Engel,
sie fliegen ganz nieder,
bist du traurig,
sie kommen wieder.
Deswegen habe keine Angst vor der Einsamkeit,
denn es gibt immer einen Engel,
der bei dir bleibt.

Weihnachtsengelchen

Ich schicke das Engelchen zu dir.
Es kommt von Herzen und es ist von mir.
Das Engelchen wird dich begleiten.
Dich tragen über alle Schattenseiten.

Das Engelchen wurde mit Liebe gemacht.
Erst in deinen Händen erscheint es in voller Pracht.
Ich wünsche dir ein frohes Fest aus der Ferne,
denn ich habe dich sehr gerne.

Das Engelchen soll dich unterstützen
und vor allem Schlechten auf dieser Welt beschützen.

Weihnachtsengel

Bald ist es wieder soweit
und es kommt die besinnliche Weihnachtszeit.
Weihnachten liegt schon in der Luft,
jedoch fehlt noch der Weihnachtsduft.

Dieser kleine Engel ist mein Geschenk an dich,
der nie von meiner Seite wich.
Er duftet nach Liebe und ist für dein Herz,
jedoch ist das Kleidchen kein Nerz.

Aus eigener Hand gefertigt und gemacht,
das ist mein Geschenk zu dieser Weihnacht.
Der Engel soll dir Liebe und Glück bescheren,
jedes Jahr zu dir wiederkehren.

Er wird dich auf deinem Weg begleiten,
und nie von deiner Seite schreiten.
Nun wünsche ich dir eine schöne Weihnachtszeit,
mit dem Engel als Geschenk für alle Ewigkeit.

Engel

E	Elegant und zierlich,
N	nie von deiner Seite wich.
G	Geheimnisvoll geboren,
E	ehrlich erkoren.
L	Liebe geben, Engels-Leben.

Es gibt sie ...

Sie wärmen dich bei Dunkelheit,
wo jeder Mensch nach Geborgenheit schreit.
Sie umarmen dich mit ihren Flügeln,
sie sagen dir die Wahrheit
und werden dich nicht belügen.

Weißt du nicht weiter, bitte einen Engel um Rat,
denn das, was zurückkommt, ist eine gute Tat.
Deswegen fürchte dich im Leben nicht,
denn ein Engel lässt dich nicht im Stich!

Treu

Früher sangen wir Lieder,
reisende Engel flogen ganz nieder.
Oben im Himmel glänzen sie wie Sterne,
Heilig Abend mögen die Engel gerne.
Elegant und wunderschön,
sie alle Menschen mögen.

Friedlich kommen sie jedes Jahr,
ehrfürchtig zeigen sie sich in großer Schar.
Sie haben das Gute im Menschen erkannt
und reichen uns die Flügel und die Hand.

Neujahr

Das ist klar

Bald kommt wieder ein neues Jahr,
viele wünschen sich Gesundheit, das ist klar.
Doch deine Liebsten solltest du nicht vergessen,
ohne dich an Weihnachtstagen zu viel zu stressen.

Die Nähe könntest du diesen Menschen immer zeigen,
das Gefühl der Liebe soll über das ganze Jahr bleiben.
Ansonsten könnte dich dein Gewissen mal plagen,
hättest du mehr Zeit geopfert, auch an anderen
Tagen.

Weihnachten ist eine sehr besinnliche Zeit,
der 24. Dezember ist nicht mehr weit.
Deswegen schenke Liebe über das ganze Jahr,
denn das ist das wertvollste Weihnachtsgeschenk,
das ist klar.

Liebe

Liebe ist so unendlich,
als ob sich die Erde mit dem Himmel verbindet.
Liebe ist so nah,
als ob sich Kopf und Herz schon ewig kennen.

Liebe ist Erfüllung,
wo Wärme und Kälte eins werden.
Liebe ist Hoffen,
wo in dunklen Stunden Licht erscheint.

Liebe ist Wertschätzung,
wo ein Mensch den Wert des anderen kennt.
Liebe ist Geborgenheit,
wo du dich an einsamen Orten nicht alleine fühlst.

Liebe ist lieben, ohne etwas zu fordern.
Und deswegen nehme dir aus diesen Zeilen,
ganz viel Liebe mit,
denn sie ist zwischen uns Menschen,
das Verbindungsglied.

Hoffen und Wünschen

Ich wünsche dir Spaß im Leben
und dass du tanzen kannst im Regen.
Ich wünsche dir ganz viel Liebe mit Geborgenheit
und das für eine lange Zeit.

Ich hoffe, du hast keine Angst vor dem Versagen,
doch du musst auch neue Schritte wagen.
Ich hoffe, du behältst die gute Einstellung zum Leben
und du wirst immer deine eigenen Wege gehen.

Ich verzeihe dir Laster und Vergehen,
wenn du danach alles richtig machst im Leben.
Ich wünsche dir Menschen mit guten Charakteren,
welche ausgestattet sind mit Ehrlichkeit und Ehre.

Diese Hoffnung soll dich immer begleiten
und die Wünsche sollen dir stets Freude bereiten.

Bleib einfach Du!

Ein schnelles "Hallo" im alten Jahr,
ich hoffe all deine Wünsche werden im
"Neuen Jahr" wahr.

Viel Gesundheit noch dazu,
was ich dir noch sagen will,
Bleib einfach du!

Nachricht

Eine Nachricht muss heute sein,
über sie freut sich Groß und Klein.

Deswegen grüße ich dich ganz schnell,
die Korken knallen, das Feuerwerk ganz grell.

Von der Ferne stoße ich mit dir an,
denn mit diesen Zeilen weiß ich,
dass ich in Gedanken bei dir sein kann.

Frieden

Die letzten Stunden sind da,
dann kommt schon das neue Jahr.

Ich wünsche euch viel Liebe und Glück,
von Gesundheit ein ganz großes Stück.

Das nächste Jahr soll noch besser werden,
ich wünsche allen Menschen
Frieden auf Erden.

Ein neues Jahr

Ein neues Jahr mit mehr Herz,
weniger Schmerz.
Ein neues Jahr mit mehr Zeit,
weniger Leid.
Ein neues Jahr mit mehr Gnade,
weniger Schokolade.
Ein neues Jahr in vielen Städten,
weniger Zigaretten.
Ein neues Jahr mit mehr Glück,
weniger Kilometer am Stück.
Ein neues Jahr mit mehr Zufriedenheit,
weniger Einsamkeit.
Ein neues Jahr mit mehr Menschsein,
weniger Wein.
Ein neues Jahr mit mehr zu zweit,
weniger Streit.

Mit diesen Vorsätzen lasse das alte Jahr los,
auf ein Neues,
Prost.

Nicht das Beste

Nun freue dich auf das nächste Jahr,
denn ich weiß, dass das alte Jahr nicht das Beste war.
Vielleicht ist auch einmal ein Jahr für dich dabei,
das Glück ist doch viel schöner geteilt auf Zwei.

Ich könnte es mir gar nicht abgewöhnen,
sondern ich würde dir noch viel mehr gönnen.
Gesundheit, Freude und Zufriedenheit,
ein Leben ohne Schmerzen und Leid.

Heute trinke ich ein Glas auf dich und mich,
und vergiss nicht, ich denke an dich.

Dein Jahr

Das letzte Jahr war nicht immer leicht,
das Wasser oftmals bis zum Halse reicht.
Krankheiten und Probleme kamen auf dich zu,
doch lösen konntest sie nur du.

Mach einfach weiter, stehe immer wieder auf,
gehe nicht nur abwärts sondern auch mal wieder rauf.
Trage die Zuversicht im Herzen,
vertreibe mit der Hoffnung die Schmerzen.

Wer weiß, vielleicht ist es dir nur noch nicht klar,
doch ich bin mir sicher, das wird dein Jahr.

Glückliches Jahr

G   Gesundheit ist das höchste Gut,
l   Lebendigkeit, doch oft fehlt der Mut.
ü   Überleben ist der Sinn,
c   Charakter und Menschlichkeit, ein Beginn.
k   Kraft, Stärke und Zuversicht,
l   liegen bleiben, gibt es nicht.
I   Ideen, Träume und Illusionen,
c   Charma und Fleiß wird uns belohnen.
h   Hoffnung für das nächste Jahr,
e   Ehrlichkeit und menschlich sein, wie wunderbar.
s   Sicherheit, Geborgenheit und kein Verzagen,
J   jedes Jahr Gesundheit, ohne zu klagen.
a   Anmut für die nächste Zeit,
h   heißer Tee im verschneiten Winterkleid.
r   Rutsche gut ins neue Jahr,
    glaub an dich, dann wir es wunderbar.

Der erste Tag

Der erste Tag im neuen Jahr,
es fühlt sich an so wunderbar.
Alle Karten neu gemischt und gezogen,
beim Aussuchen wird nicht betrogen.

Ein Joker ist dieses Jahr auch mal dabei,
da fühle ich mich gleich erleichtert und frei.
Nun kann das neue Jahr beginnen,
mit meiner Zuversicht werde ich alles bezwingen.

Zu guter Letzt habe ich noch den Joker in der Hand,
den habe ich gleich in meine Glücksschachtel verbannt.
Bei Sorgen nehme ich die Karte zur Hand
und vielleicht hat sich schon bald alles Schlechte
abgewandt.

Glücksschwein

Ich wünsche dir ein gutes neues Jahr,
mit viel Gesundheit, das wäre doch wunderbar.
365 Tage ganz viel Glück
und von der Liebe ein großes Stück.

Das Schweinchen soll dir ganz viel Freude bringen,
an vielen Tagen für dich singen.
Möge es nur Sonnenseiten in deinem Leben geben,
was anderes will dieses Schweinchen gar nicht sehen.

Das Schweinchen macht sich auf den Weg zu dir
und schon ist das neue Jahr wieder hier.

Prosit Neujahr

Das alte Jahr ist nun futsch,
darum wünsche ich dir einen guten Rutsch.

Viel Glück und Gesundheit im nächsten Jahr
und wenn du fest daran glaubst,
dann werden auch all deine Wünsche wahr.
Prosit Neujahr!

Guten Rutsch

Das alte Jahr ist vorüber,
manche sind im neuen Jahr klüger.

Vieles dreht sich um das liebe Geld,
doch Gesundheit ist das was zählt.

Darum wünsche ich dir ein glückliches, gesundes
Leben,
Jahr für Jahr soll es für dich noch viele schöne
Momente geben.

Ich drücke dich

Ich drücke dich aus der Ferne,
denn ich habe dich sehr gerne.

Ich wünsche dir einen guten Rutsch,
das ist doch klar,
mit viel Gesundheit im neuen Jahr.

Gesundheit

Manche Menschen haben es nicht leicht,
Krankheit ihren Körper streift.
Die Seele leidet mit,
Hoffnung schwindet Schritt für Schritt.

Trotzdem sind sie voller Mut,
tun anderen Menschen mit positiven Worten gut.
So gutmütig und liebevoll ist ihr Herz,
sie vergessen dabei ihren eigenen Schmerz.

Genau diese Menschen verdienen sehr viel mehr,
manche Menschen haben es trotzdem sehr schwer.
Allen Kranken wünsche ich in nächster Zeit,
ganz viel Gesundheit.

VIP Happy New Year VIP

Mein VIP Bereich ist mein Herz,
die Eintrittskarte für 20** ist gratis,
für Sitzplätze im VIP Bereich
musst du nur mein Inneres berühren,
denn was gibt es Schöneres als Liebe
im Herzen zu spüren.

Nachwort

Zeit zum ...

Zeit zum Nachdenken,
Zeit sich abzulenken.
Zeit zum Leben,
Zeit sich zu vergeben.
Zeit zum Genießen,
Zeit zum Spazieren in den Wiesen.
Zeit für deine Lieben,
Zeit sich in Geborgenheit wiegen.
Zeit zum Entspannen,
Zeit für ein Zusammen.

All das schenkt uns die Zeit
und hält nicht nur schmerzhafte,
sondern auch wunderbare Momente für uns bereit.

Bücher der Autorin

Nicole Sunitsch Gedichte und Kurzgeschichten, die von Herzen kommen Gedichte	Nicole Sunitsch Gedichte und Zitate Band 2	Nicole Sunitsch Gedichte und Zitate Band 3	Nicole Sunitsch Gedichte Engel Band 4
Nicole Sunitsch Gedanken Band 5	Nicole Sunitsch Liebesgedichte Band 6	Nicole Sunitsch Sprüche über das Leben Leben · Bewegung · Tod · Krankheit · Freunde Band 7	Nicole Sunitsch Für meine liebe Mutter Ein kleines Dankeschön! Band 8
Nicole Sunitsch Denke positiv! Gedichte Band 9	Nicole Sunitsch Trauergedichte und Trostgedanken In liebevoller Erinnerung Band 10	Nicole Sunitsch Lebensgedichte Band 11	Nicole Sunitsch Gedichte und Sprüche zum Thema Freundschaft Schön, dass es Dich gibt! Band 12

Neuerscheinung im November 2021

Tag X – Dreimal in Haft

Links

https://nicolesunitsch.blogspot.com
https://www.amazon.de/s?k=B01N1Y3ZMB&rd=1&ref=lp_rd_SEARCH
https://www.pinterest.at/nicolesunitschs/
https://www.instagram.com/nicolesunitsch/
https://www.facebook.com/nicolesunitsch/
https://nicolesunitsch.jimdo.com/
https://funpot.net/entdecken/nur-nickname-GedichteNS/